AF265722

L⁴⁴b
1509

ENCORE

UNE

SINGULIÈRE DÉCOUVERTE

D'où vient le nom de NAPOLÉON et celui de BONAPARTE

LES DEUX NOMS ALLIÉS ENSEMBLE DEPUIS 2500 ANS

PROUVÉ PAR UN GRAND NOMBRE

DE MONNAIES GAULOISES DE L'OUEST DE LA FRANCE

ET DE L'ILE D'ALBION

Par E. LETELLIER, Antiquaire

PRIX : 1 FRANC

BLASON PARLANT

PARIS

EN VENTE CHEZ L'AUTEUR

48, QUAI DES ORFÈVRES, 48

1894

ENCORE

UNE

SINGULIÈRE DÉCOUVERTE

D'où vient le nom de NAPOLÉON et celui de BONAPARTE

LES DEUX NOMS ALLIÉS ENSEMBLE DEPUIS 2500 ANS

PROUVÉ PAR UN GRAND NOMBRE

DE MONNAIES GAULOISES DE L'OUEST DE LA FRANCE

ET DE L'ILE D'ALBION

Par E. LETELLIER, Antiquaire

PRIX : 1 FRANC

BLASON PARLANT

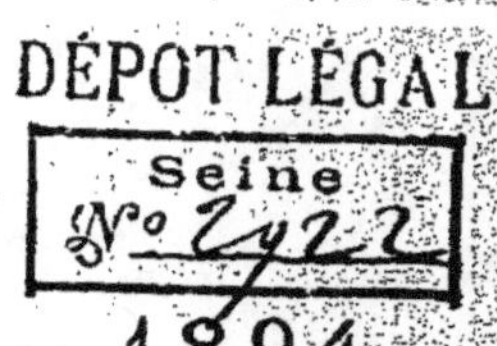

PARIS

EN VENTE CHEZ L'AUTEUR

48, QUAI DES ORFÈVRES, 48

1894

ENCORE

UNE

SINGULIÈRE DÉCOUVERTE

D'où vient le nom de NAPOLÉON et celui de BONAPARTE

LES DEUX NOMS ALLIÉS ENSEMBLE DEPUIS 2500 ANS
PROUVÉ PAR UN GRAND NOMBRE
DE MONNAIES GAULOISES DE L'OUEST DE LA FRANCE
ET DE L'ILE D'ALBION

La *Grande Chronique ancienne et Moderne,* par M. Jean-François Le Petit, nous apprend que la Grande-Bretagne tire son nom de Britus, descendant des Troyens, qui vinrent habiter cette contrée, appelée l'île d'Albion, vers l'an 1160 av. J.-C.

Ce même ouvrage, après avoir donné des explications sur le parcours que firent les Troyens après la destruction de leur ville, fait connaître que ceux-ci allèrent en Italie fonder la ville d'Albe, firent victorieusement toujours la guerre à différents rois. Leurs armées devinrent considérables sous les ordres de Britus. Leurs vaisseaux étaient au nombre de trois cents.

Quand ils quittèrent l'Italie, en côtoyant la mer, ils remontèrent toutes les rivières navigables. C'est ainsi qu'ils arrivèrent dans les Gaules et ensuite dans la Loire.

Britus dressa sur ladite rivière un puissant fort.

En ce temps-là, il y avait en Gaule douze rois qui tous promirent d'aller au secours de Grossart, roi des Pictons (Poitiers), pour chasser ces Troyens.

Une bataille terrible s'engagea. Il resta deux cent mille

Gaulois sur le terrain : le reste prit la fuite. C'est là que fut tué un vaillant capitaine grec nommé Turnus, neveu de Britus, enterré dans le fort appelé depuis Turnus, aujourd'hui Tours.

Lorsque Britus eut exploité ces contrées de la Gaule, les Troyens redescendirent le fleuve et continuèrent leurs courses ; ils arrivèrent à l'île d'Albion, aujourd'hui l'Angleterre. Cette île était habitée alors par des géants se donnant le nom d'Esclaves ou Slaves : ils les refoulèrent dans la Hollande, et une partie se retira en Albanie, aujourd'hui l'Ecosse.

Britus devint maître de l'île d'Albion, qui, de son nom, fut appelée Bretagne.

Il bâtit plusieurs villes, et les rendit, en peu de temps, aussi peuplées et florissantes que si elles eussent été habitées dès le commencement du monde. Il répartit tout le pays entre lui et son compagnon Corineus, auquel est échu, au sort et en partage, une corne de ce pays que, de son nom, il nomma Corrinée, aujourd'hui Cornuaille ou Cornubie.

Britus avait environ trente-cinq ans quand il prit l'île d'Albion qu'il régit avec ses Troyens.

Il avait remarqué un lieu commode sur la rivière, aujourd'hui la Tamise : il fit bâtir une ville, qu'il nomma Troye, nom de celle dont ils étaient issus.

Ce roi Britus eut de sa femme Ignone trois fils : Locris, Ciber, Albinatus, lesquels, après la mort de leur père, séparèrent cette région en trois.

Locrinus eut la moitié du pays qui, de son nom, fut appelée Locroix. Il épousa Gondanelle, fille de Corinus, de laquelle il eut un fils nommé Magdan.

Ciber eut en partage une partie du pays avoisinant la rivière Sabrine qui, de son nom, fut appelée Cabrie, aujourd'hui pays de Galles.

Albinatus eut pour sa part le pays du côté du nord qu'il nomma Albanie, aujourd'hui l'Ecosse.

Britus mourut en 1135 av. J.-C. et fut enterré à Troye, aujourd'hui Londres.

En ce temps-là, les monnaies n'existaient encore nulle part, ce ne fut que cinq ou six cents ans plus tard, on n'est même certain ni du peuple, ni de la ville où elles ont commencé.

Une trouvaille considérable de monnaies gauloises faite à Jersey il y a quelques années, viens prouver que l'histoire de la Grande-Bretagne, dont je parle plus haut, a beaucoup de rapport avec ces monnaies, car on retrouve sur elles tous les petits détails des religions des Grecs et des Egyptiens.

Tout le monde sait que dès les premiers âges il y eut des constructions sacrées que nous appelions Bethel, c'est-à-dire Maison-de-Dieu; chaque nation, chaque ville, chaque Bethel avait ses armoiries particulières; Jacob, prêt à mourir, désigna ses enfants par des emblêmes différents : Juda par un lionceau, Issachar par un âne, Dan par une couleuvre, Nephthalie par un cerf, Benjamin par un loup, etc., etc.

Cette curieuse trouvaille de Jersey nous apprend que les descendants des Troyens appartenaient à un Bethel du dieu Apollon. On prétend qu'il y avait plusieurs Apollon, c'est une erreur; plusieurs Jupiter, c'est une erreur : c'est comme si l'on disait qu'il y a plusieurs saint Pierre et plusieurs saint Paul chez nous, dans la religion chrétienne, parce qu'il y a quantité d'églises du nom de Saint-Pierre et de Saint-Paul. Cette trouvaille nous prouve que toutes les monnaies au style ARMORICAIN ont toutes la tête du dieu Apollon ou du grand-prêtre sacrificateur avec des chérubins et autres emblêmes; ce sont des variétés d'ateliers monétaires, qui rappellent que chaque tribu était un membre du même Bethel.

Mais, aujourd'hui, nous n'avons pas à faire la description de ces choses merveilleuses que nous retrouvons, depuis l'époque gauloise jusqu'à nos jours, dans les blasons de quelques villes et dans ceux de notre illustre et glorieuse noblesse, telles que le Tabernacle, l'Arche-d'Alliance, etc. ; nous donnerons seulement la description de quelques pièces qui touchent à notre sujet, c'est-à-dire que tout le monde pourra lire, en terme de blason, le nom de NAPOLÉON et celui de BONAPARTE. (Voir les quatre numéros 6493, 6823, 6852, 6879.)

NAPOLÉON BONAPARTE, dont on a dit et écrit tant de choses, a dit M. J.-B. Pérès, bibliothécaire de la ville d'Agen, n'est qu'un personnage allégorique : c'est le Soleil personnifié, et notre assertion sera prouvée si nous faisons voir que tout ce qu'on publie de Napoléon est emprunté du grand astre.

Voyons donc sommairement ce qu'on nous dit de cet homme merveilleux. On nous dit qu'il s'appelait Napoléon

Bonaparte, qu'il est né dans une île de la Méditerranée, que sa mère se nommait Lætitia, qu'il avait trois sœurs et quatre frères dont trois furent rois, qu'il eut deux femmes dont une lui donna un fils, qu'il mit fin à une grande révolution, qu'il avait sous lui seize maréchaux de son empire dont douze étaient en activité de service, qu'il triompha dans le Midi et qu'il succomba dans le Nord, qu'enfin, après un règne de douze ans commencé lors de sa venue d'Orient, il s'en alla disparaître dans les mers occidentales.

Reste donc à savoir si ces différentes particularités sont empruntées du Soleil et nous espérons que quiconque lira ces lignes en sera convaincu.

D'abord, tout le monde sait que le Soleil est nommé Apollon par les poètes ; or la différence entre Apollon et Napoléon n'est pas grande, elle paraitra encore bien moindre si l'on remonte à la signification de ces noms ou à leur origine : il est constant que le mot Apollon signifie exterminateur et il parait que ce nom fut donné au Soleil par les Grecs à cause du mal qu'il leur fit devant Troie, où une partie de leur armée périt par les chaleurs excessives et par la contagion qui en résulta lors de l'outrage fait par Agamemnon à Chrysès, prêtre du Soleil, comme il est dit au commencement de l'*Iliade* d'Homère, et la brillante imagination des poètes grecs transforma les rayons de l'astre en flèches enflammées que le dieu irrité lançait de toute part et qui auraient tout détruit si, pour apaiser sa colère, la liberté n'eut été rendue à Chryséis, fille du sacrificateur Chrysès.

C'est vraisemblablement alors et pour cette raison que le Soleil fut nommé Apollon, mais, quelle que soit, la circonstance ou la cause qui a fait donner à cet astre un tel nom, il est certain qu'il veut dire exterminateur. Or Apollon est le même mot qu'Apoléon, ils dérivent tous deux des verbes grecs APOLLYO et APOLEÓ qui sont synonymes et signifient perdre, tuer, exterminer ; de sorte que, si le héros de notre siècle s'appelait Apoléon, il aurait le même nom que le Soleil et il remplirait d'ailleurs toute la sigification de son nom, car on nous le dépeint comme le plus grand exterminateur d'hommes qui ait jamais existé. Mais ce personnage est nommé Napoléon, il y a donc dans son nom une lettre initiale qui n'est pas dans celui du Soleil ? Oui, il y a une lettre de plus et même une syllabe car, suivant les inscriptions qu'on a gravées de toutes parts dans la capitale, le vrai nom de ce héros était Néapoléon ou Néapolion, c'est ce que l'on voit notamment place Vendôme.

Or, cette syllabe de plus ne produit aucune différence, elle est grecque, sans doute, comme le reste du nom, et, en grec, NÉ ou NAI est une des plus grandes tions que nous ne pouvons rendre que par le mot VÉ BLEMENT ; d'où il suit que Napoléon signifie véritable exterminateur, véritable Apollon, c'est donc véritablement le Soleil.

Mais que dire de son autre nom ? Quel rapport le mot BONAPARTE peut-il avoir avec l'astre du jour ? On ne le voit point tout d'abord, mais on comprend du moins que, comme BONA PARTE signifie bonne partie, il s'agit sans doute là de quelque chose ayant deux parties, l'une bonne et l'autre mauvaise, et se rapportant en outre au Soleil Napoléon. Or rien ne se rapporte plus directement au Soleil que les effets de sa révolution diurne, ces effets sont le jour et la nuit, la lumière et les ténèbres : la lumière que sa présence produit et les ténèbres qui prévalent en son absence ; c'est une allégorie empruntée des Perses, c'est l'empire d'Ormuzd et celui d'Ahrimane, l'empire de la lumière et des ténèbres, l'empire des bons et des mauvais génies ; c'est à ces derniers, aux génies du mal et des ténèbres que l'on dévouait autrefois cette expression imprécatoire : ABI IN MALAM PARTEM. Si par MALA PARTE on entendait les ténèbres, nul doute que par BONA PARTE on ne doive entendre la lumière, c'est le jour, par opposition à la nuit (voir les gravures), tête d'Apollon à droite ; revers : cheval à face humaine courant à droite, dirigé par un aurige, représentant Apollon lui-même, tenant suspendu devant le cheval le symbole quadri-latère, c'est-à-dire une clef qui ouvre le jour ; sous le cheval, un personnage renversé. Doit-on voir dans ce personnage le mauvais génie vaincu, exterminé par le génie de la lumière, c'est-à-dire par le Soleil ou Apollon.

Il existe une quantité considérable de variétés. (Voir la collection du Cabinet national.)

Monnaies des **Aulerci-Eburovices**, Évreux.

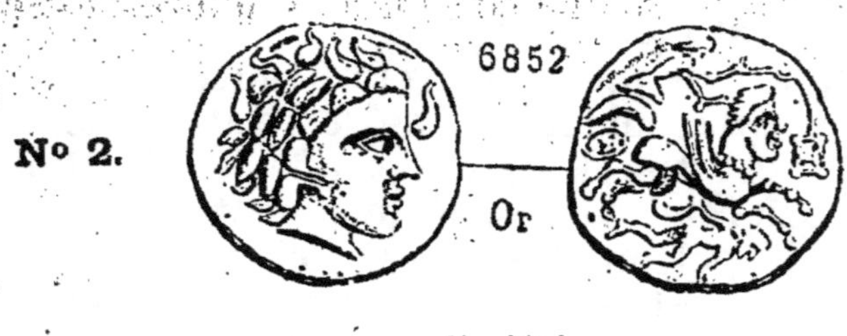

No 2.

6852

Or

Variété.

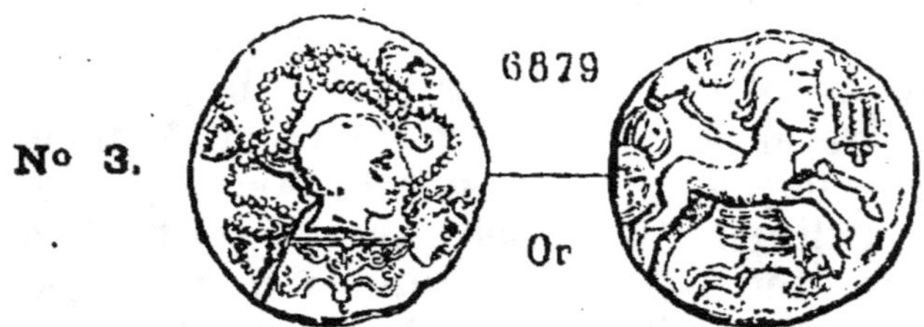

No 3.

6879

Or

Tête du Grand-Prêtre sacrificateur et quatre têtes de chérubins.
Revers variés.

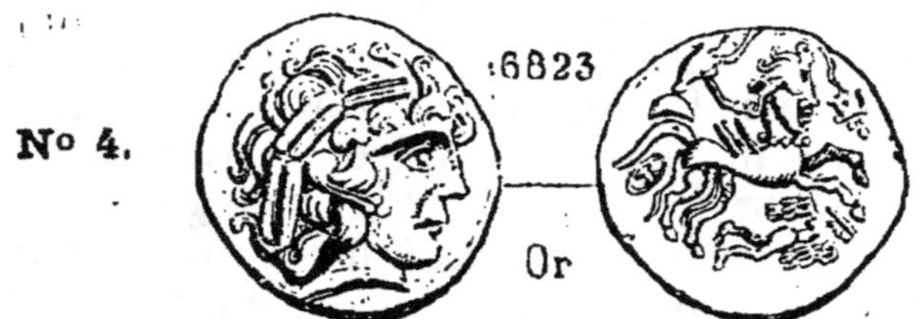

No 4.

6823

Or

Tête d'Apollon à droite.
Revers : Cheval à tête de chérubin ailé.

Les sentiments sont très partagés sur la figure des chérubins ailés.

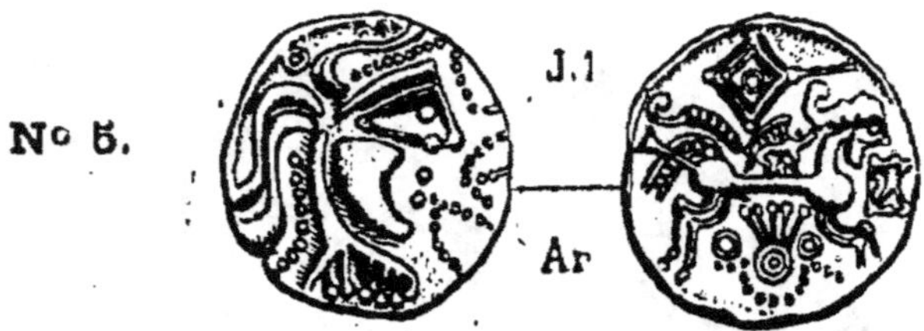

No 5.

J.1

Ar

Tête du Grand-Prêtre sacrificateur à droite
Revers : Bethel ambulant pour les expéditions militaires.

Le lieu où l'on plaçait ce Bethel était appelé Tabernacle ; placé dans une petite niche, carrée ou ronde, souvent au-dessus d'une pique, c'était l'étendard de la nation et la table des pains ; ces pains sont appelés en hébreu LACHNÉ PANINA, pains à plusieurs faces, parce qu'ils étaient carrés. C'est l'usage du pain béni parmi nous.

Nous retrouvons ces petits carrés dans les blasons des villes de Dreux, d'Evreux et dans un grand nombre des armes des familles nobles, sous le nom d'échiquier, débris de la Maison de Dieu où l'on rendait la justice. Dans la juridiction anglaise, qui règle toutes les affaires de finance et de chancellerie, on dit encore Cour de l'Echiquier.

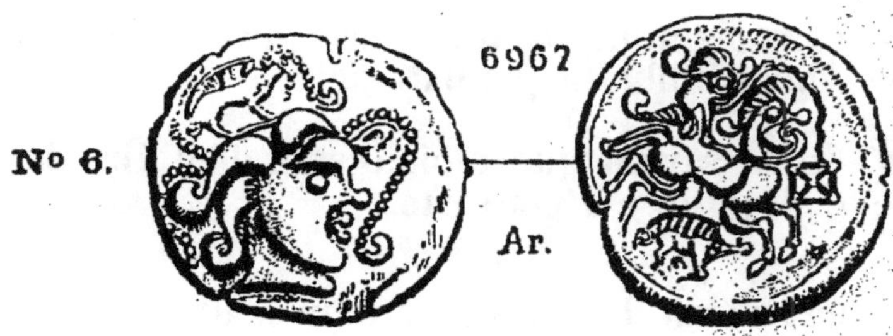

Autre variété.
Tête du Grand-Prêtre sacrificateur. — Un sanglier sur la tête.
Revers : un sanglier sous le cheval.

Le sanglier est un des attributs du dieu Mars. Ici il paraît être vaincu et porté en triomphe par le vainqueur. — Monnaies des BAIOCASSES, Bayeux.

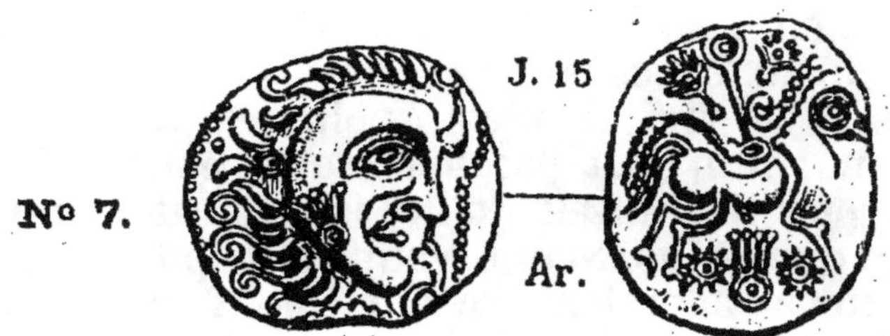

Tête d'Apollon à droite. — Une lyre sur la joue, ce qui prouve qu'Apollon le Soleil est bien le même qu'Apollon le Lyrique.
Revers : Bethel ambulant, variété du n° 5.

Monnaies des VELIOCASSES, Vexin ; leur capitale : ROTHO-MAGUS, Rouen.

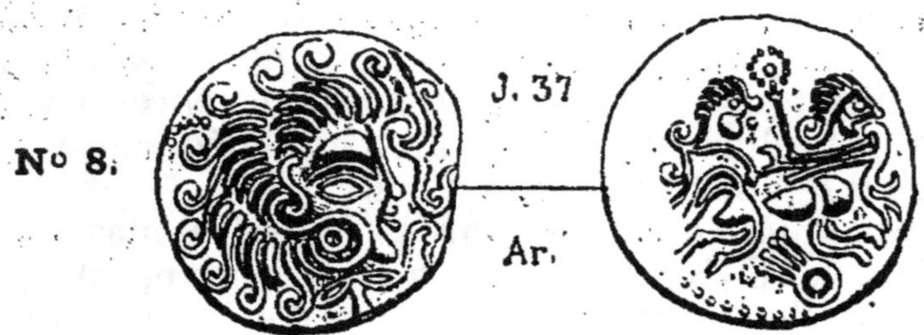

Tête d'Apollon à droite.
Revers : L'arche d'alliance entre deux figures d'animaux appelés chérubins. — Dessous une lyre.

NOTA. — Tous les numéros qui précèdent correspondent au catalogue de la Bibliothèque nationale.

Je laisse à plus savant que moi le soin d'en dire davantage sur cette singulière découverte.

Ainsi, on ne saurait douter que ce nom n'ait des rapports avec le Soleil, surtout quand on le voit assorti avec celui de Napoléon qui est le Soleil lui-même, ainsi que je viens de le prouver.

Apollon, suivant la mythologie grecque, était né dans une île de la Méditerranée (l'île Délos); Dieu a aussi fait naître Napoléon dans une île de la Méditerranée et il a choisi la Corse de préférence, parce que la situation de cette île, relativement à la France où Dieu a voulu le faire régner, est celle qui avait le plus de rapport avec la situation de Délos, eu égard à la Grèce, où Apollon avait ses temples principaux et ses oracles.

PAUSANIAS, il est vrai, donne à Apollon le titre de divinité égyptienne, il n'était pas nécessaire pour cela qu'il naisse en Egypte, il suffisait qu'il y fût regardé comme un dieu, c'est ce que PAUSANIAS a voulu dire pour expliquer que les Egyptiens l'adoraient; ce qui établit un rapport de plus entre Napoléon et le Soleil, car on dit qu'en Egypte Napoléon fut regardé comme revêtu d'un caractère surnaturel, comme l'ami de Mahomet, et qu'il y reçut des hommages qui tenaient de l'adoration.

On prétend que sa mère se nommait LÆTITIA, mais par ce nom, qui signifie la joie, on a voulu désigner l'Aurore dont la lumière naissante répand la joie dans toute la nature;

l'Aurore qui enfante le Soleil, comme disent les poètes, en lui ouvrant, avec ses doigts roses, les portes de l'Orient.

Encore est-il bien de remarquer que, suivant la mythologie grecque, la mère d'Apollon s'appelait LETO ou LÉTÔ; mais si de LETO les Romains firent LATONE, on a mieux aimé, dans notre siècle, en faire LÆTITIA, qui est le substantif du verbe LŒTOR ou de l'inusité LŒTEO qui voulait dire inspirer la joie.

Il est donc certain que cette LÆTITIA est prise, comme son fils, dans la mythologie grecque.

D'après ce qu'on en raconte, ce fils de LÆTITIA avait trois sœurs qui sont indubitablement les trois Grâces, elles faisaient, avec les Muses, leurs compagnes, l'ornement et les charmes de la cour d'Apollon, leur frère.

On dit que ce moderne Apollon avait quatre frères; or ces quatre frères sont les quatre saisons de l'année, comme nous allons le prouver. Mais d'abord, qu'on ne s'effarouche point en voyant les saisons représentées par des hommes plutôt que par des femmes, cela ne doit pas même paraître nouveau car, en français, des quatre saisons de l'année, une seule est féminine, c'est l'Automne et encore, nos grammairiens sont-ils peu d'accord à cet égard, mais, en Latin, AUTUMNUS n'est pas plus féminin que les trois autres saisons; ainsi, point de difficulté là-dessus, les quatre frères de Napoléon peuvent représenter les quatre saisons de l'année, ce qui suit va prouver qu'ils les représentent réellement.

Des quatre frères de Napoléon trois, dit-on, furent rois; ces trois rois sont le Printemps qui règne sur les fleurs, l'Été qui règne sur les moissons et l'Automne qui règne sur les fruits. Comme ces trois saisons tiennent tout de la puissante influence du Soleil, on dit que parmi les quatre frères de Napoléon, il y en eut un qui ne fut point roi, c'est parce que, des quatre saisons de l'année, il en est une qui ne règne sur rien : c'est l'Hiver.

Mais si, pour infirmer notre dire, on prétendait que l'Hiver n'est pas sans empire, et qu'on voulut lui attribuer la triste principauté des neiges et des frimas qui, dans cette fâcheuse saison, blanchissent nos campagnes, notre réponse serait toute prête : c'est, dirions-nous, ce qu'on a voulu nous indiquer par la vaine et ridicule principauté dont on prétend que ce quatrième frère de Napoléon a été doté après la décadence de toute la famille; c'est cette principauté qu'on rattache au village de Canino, de préférence à tout autre, parceque CANINO vient de CANI qui signifie les cheveux blancs de la froide vieillesse, ce qui rappelle l'hiver, car, aux yeux des poètes, les forêts qui couronnent nos côteaux en sont la chevelure et, quand l'hiver les couvre de ses frimas, ils paraissent être les cheveux blancs de la nature défaillante dans la vieillesse de l'année.

Ainsi, le prétendu prince de CANINO n'est que l'Hiver personnifié, qui commence quand il ne reste plus rien des belles saisons et que le Soleil est le plus éloigné de nos contrées envahies par les fougueux enfants du Nord, ainsi que les poètes appellent les vents qui viennent de ces pays décolorer nos campagne et les couvrir d'une froide blancheur, c'est ce qui a fourni le sujet de la fabuleuse invasion des peuples du Nord en France, où ils auraient fait apparaître un drapeau blanc qui l'aurait couverte toute entière après l'éloignement de Napoléon. Il est inutile de dire que ce n'est qu'une figure des frimas que les vents du Nord nous apportent pendant l'hiver, au lieu des aimables couleurs que le Soleil maintenait dans nos contrées avant qu'à son déclin il ne s'éloigne de nous. Il est facile de trouver une analogie entre toutes ces choses et les fables ingénieuses imaginées dans notre siècle.

Napoléon eut deux femmes, de même qu'on en avait attribué deux au Soleil. Ces deux femmes du Soleil étaient la Lune et la Terre : la Lune, selon les Grecs, c'est Plutarque qui l'atteste, et la Terre, selon les Egyptiens, avec cette différence bien remarquable que de l'une (c'est-à-dire la Lune) le Soleil n'eut point de postérité et que de l'autre il eut un fils, un fils unique. C'est le petit Horus, fils d'Osiris et d'Isis, c'est-à-dire du Soleil et de la Terre, comme on le voit dans l'*Histoire du Ciel*, t. I, p. 61 et suiv. C'est une allégorie égyptienne dans laquelle le petit Horus, né de la Terre fécondée par le Soleil, représente les fruits de l'agriculture. Précisément, Dieu a fait naître le fils de NAPOLÉON le 20 mars, à l'équinoxe du printemps, parce que c'est au printemps que les productions de l'agriculture prennent leur grand développement.

On dit que Napoléon mit fin à un fléau dévastateur qui terrorisait toute la France, que l'on appelait l'hydre de la révolution. Or, une hydre est un serpent et peu importe l'espèce, surtout quand il s'agit d'une fable. C'est le serpent Python, reptile énorme, qui était pour la Grèce l'objet d'une extrême terreur qu'Apollon dissipa en tuant le monstre, ce qui fut son premier exploit, et c'est pour cela qu'on nous dit que Napoléon commença son règne en

étouffant la Révolution française, car on sait que RÉVOLU-
TION dérive du mot latin REVOLUTUS qui signifie un serpent
roulé sur lui-même : c'est Python et rien de plus.

Napoléon avait, dit-on, douze maréchaux dans son
empire à la tête de ses armées et quatre en non-activité.
Or, les douze premiers, comme bien entendu, représentent les douze signes du Zodiaque, marchant sous les
ordres du Soleil (Napoléon) et commandant chacun une
division de l'innombrable armée des étoiles, qui est appelée
milice céleste dans la Bible, et est partagée en douze parties
qui correspondent aux douze signes du Zodiaque. Tels sont
les douze maréchaux en activité de service sous l'empereur
Napoléon ; les quatre autres, vraisemblablement, sont les
quatre points cardinaux qui, immobiles au milieu du mou-
vement général, sont fort bien représentés par la non-
activité dont il s'agit.

On nous dit que ce chef de tant et de si brillantes armées
avait parcouru glorieusement les contrées du Midi, mais
qu'ayant trop pénétré dans le Nord il ne put s'y maintenir.
Or, tout cela caractérise parfaitement la marche du Soleil.
Le Soleil, on le sait bien, domine en souverain dans le Midi,
comme l'empereur Napoléon y a dominé lui-même. Mais,
ce qu'il y a de bien remarquable, c'est qu'après l'équinoxe
de printemps le Soleil cherche à gagner les régions septen-
trionales, en s'éloignant de l'équateur ; au bout de trois
mois de marche vers ces contrées, il rencontre le tropique
boréal qui le force à reculer et à revenir sur ses pas vers le
Midi, en suivant le signe du Cancer, c'est-à-dire de l'Ecre-
visse, signe auquel on a donné ce nom, dit Macrobe, pour
exprimer la marche rétrograde du Soleil dans cet endroit
de la sphère. C'est là-dessus qu'à été calquée l'expédition
de Napoléon au Nord, vers Moscou et la retraite humiliante
dont elle a été suivie.

Ainsi, tout ce qu'on nous raconte des succès ou des
revers de ce guerrier, n'est composé que d'allusions au
cours du Soleil.

Enfin, et ceci n'a besoin d'aucune explication, le Soleil se
lève à l'Orient et se couche à l'Occident, tout le monde le
sait ; mais, pour les spectateurs placés aux extrémités des
terres, le Soleil paraît sortir le matin des mers orientales
et se plonger le soir dans les mers occidentales ; c'est ainsi,
d'ailleurs, que tous les poètes nous dépeignent son lever et
son coucher. C'est donc là ce que nous devons entendre
quand on nous dit que Napoléon vint par mer de l'Orient

(de l'Egypte) pour régner sur la France et qu'il a été disparaître dans les mers occidentales après un règne de douze années, qui ne sont autre chose que les douze heures du jour, les douze heures pendant lesquelles le Soleil brille à l'horizon.

Enfin, en parlant de Napoléon et de la manière dont on a décrit son élévation, son déclin et sa chute, cela prouve que le charmant poète n'a vu, comme nous, dans Napoléon qu'une image du Soleil et il n'est pas autre chose, c'est prouvé par son nom, par le nom de sa mère, par les monnaies gauloises, par ses trois sœurs, ses quatre frères, ses deux femmes, son fils, ses maréchaux et ses exploits ; c'est prouvé par le lieu de sa naissance, par la région d'où on nous dit qu'il vint en entrant dans sa carrière de domination, par le temps qu'il employa à la parcourir, par les contrées où il domina, par celles où il échoua et par la région où il disparut, pâle et découronné, après sa brillante course. NAPOLÉON vient d'APOLLON sans doute ; mais il faut avouer aussi qu'en venant de là jusqu'ici, il n'a pas changé sur la route.

Si intelligent que soit l'homme, et si étendues les connaissances qu'il acquiert chaque jour, il lui reste encore bien des secrets à découvrir, bien des mystères à pénétrer : il naît, pense, agit et meurt sans savoir au juste pourquoi ni comment. La science en lui expliquant les détails de son organisme se plaît à démontrer qu'il est un chef-d'œuvre de construction mécanique, un merveilleux appareil de chimie, un prodige de physique ; la philosophie lui apprend à penser, tente de guider ses actions et veut endiguer ses instincts ; la religion, enfin, promet d'heureuses compensations à ses maux... dans un monde meilleur.

L'homme, en perdant l'espoir de vivre éternellement sur terre, rêve au bonheur de devenir au moins centenaire, il ferme volontairement les yeux afin d'éviter les *moyennes* chagrinantes publiées par les statisticiens, et fait complaisamment sa règle d'une exception. Celui qui occupe ses loisirs à collectionner les monnaies, ou les haches Gauloises en pierre polie ou taillée a élargi considérablement le cercle de son imagination, il la reporte jusqu'avant le déluge et trouve ainsi dans sa collection des preuves, époque par époque. C'est la plus jolie des sciences que l'homme puisse désirer.

DÉSIGNATION

DES

ATELIERS MONÉTAIRES

POUR LES PERSONNES QUI DÉSIRENT

COLLECTIONNER LES MONNAIES FRANÇAISES DU MOYEN-AGE

JUSQU'A NOS JOURS

Jusqu'à présent on n'a pu expliquer les différences qui se trouvent sur les monnaies françaises du moyen-âge. Toutes ces petites marques, tous ces signes indiquent autant d'émissions, autant de variétés pour les divers regnes, tout cela sera expliqué d'après des documents authentiques. Quant aux points secrets se trouvant sous les lettres des légendes, ce n'est que vers le règne de Charles VI que l'on peut les attribuer avec quelque certitude aux ateliers fonctionnant à cette époque. Il parait que c'est dans le Dauphiné que cette particularité a pris naissance.

Voici la liste des points secrets avec l'indication des ateliers auxquels on peut les attribuer :

Sous la 1ᵉ lettre, Crémieux.
  —   2ᵉ   —   Romans.
  —   3ᵉ   —   Mirabel, 1400; Embrun, 1406; Montélimar, 1426.
  —   4ᵉ   —   Montpellier.
  —   5ᵉ   —   Toulouse.
  —   6ᵉ   —   Tours.
  —   7ᵉ   —   Angers.
  —   8ᵉ   —   Poitiers.
  —   9ᵉ   —   La Rochelle.
  —   10ᵉ   —   Limoges.

— 11e —	Saint-Pourçain, puis Montferrand, 1531 à 1552.
— 12e —	Mâcon ; puis Lyon, 1420.
— 13e —	Dijon.
— 14e —	Troyes.
— 15e —	Rouen.
— 16e —	Tournay.
— 17e —	Saint-Quentin.
— 18e —	Paris.
— 19e —	Saint-Lô et le Mont-Saint-Michel, avec coquilles.
— 20e —	Saint-André-de-Villeneuve.
— 21e —	Sainte-Menehould.
— 22e —	Châlons-sur-Marne.
— 23e —	Châlon-sur-Saône.
— 24e —	Bordeaux.
— 25e —	Bayonne.

Mais, lors de l'occupation anglaise, pendant la première moitié du XVe siècle, les Anglais prirent pour différer les monnaies qu'ils firent frapper :

A Paris, une couronne ; à Rouen, un léopard ; à Amiens, un agneau pascal ; à Troyes, une rosace ; au Mans, une racine ; à Saint-Quentin, une mollette ; à Mâcon et à Lyon, un trèfle ; à Auxerre, une étoile ; à Châlons-sur-Marne, un croissant ; à Dijon, une Véronique ou un saint-suaire ; à Saint-Lô, un lis ; à Arras, un losange ; à Marvejols, une double-croix entre les deux premiers mots des légendes.

On trouve également des lettres pour différentes monnaies anglo-française : A, Agen ; B, Bordeaux ; F, Fontenay ou Figeac ; L, Limoges ou Lectourne ; P, Poitiers ; R, La Rochelle ou La Réole ; T, Tarbes, etc., etc.

Mais, dans le même temps, Charles VII ouvrit plusieurs ateliers temporaires, selon ses besoins. Ces ateliers prirent la première lettre de leur nom, à la fin de la légende, ainsi B, signifie Bourges ; C, Chinon ; L, Loches ; O, Orléans ; A, Aix ; une croix dans un cerceau, Marseille ; LT, Tarascon. Pour Charles VIII et Louis XII

Quand Louis XI fit occuper Perpignan, on mit un P au centre de la croix des pièces royales qu'on y frappa. On en fit de même à la réunion de la Bretagne à la couronne : N, signifie Nantes ; R, Rennes.

Cet état de choses fut changé par une ordonnance de François Ier, datée du 14 janvier 1539, qui institua trenteet-un ateliers monétaires, ayant chacun une lettre ou un autre signe pour différent. Quelques-unes de ces lettres furent changées dans la suite. Louis XIV, par ses victoires ajouta des nouveaux ateliers, à ceux déja existants, Louis XV en supprima treize en février 1772 ; la Révolution en fit chômer d'abord plusieurs, mais elle en rouvrit huit le 22 vendémiaire an IV, puis les conquêtes de la première République et de l'Empire en ajoutèrent de nouveaux, qui furent nécessairement supprimés en 1814. Par le progrès continuel des mécaniques et des nouvelles presses monétaires, Louis-Philippe en ferma plusieurs en 1837. Depuis on a adopté la vapeur pour faire mouvoir tout le matériel, les ateliers furent réduits au nombre de trois en 1848 : Paris, Bordeaux et Strasbourg, encore parait-il que ces deux derniers ne travaillaient pas beaucoup, à en juger par la grande rareté de leur numéraire de cette époque (1848-1850). En 1853, lors de la refonte des monnaies de cuivre, on en rouvrit quatre : Lille, Lyon, Marseille et Rouen, qui travaillèrent continuellement jusqu'en 1857. L'année suivante ils furent supprimés définitivement par un décret impérial.

Enfin, par la cession de Strasbourg, le nombre des ateliers monétaires est aujourd'hui réduit à un depuis 1878.

Voici la liste des lettres monétaires et les changements qu'elles ont subies :

A Paris, depuis 1539. Cette lettre fut donnée à Corbeil pendant les troubles de la Fronde, 1655-1658. Les pièces portant ces dates doivent donc être attribuées à cette ville.

AA Metz, 1662. — An VIII de la République.

AR Arras, 1640-1658.

AΩ Compiègne ou Orléans ; 1572-1594.

B Rouen, 1539-1858. Pendant la Fronde cet atelier fut transféré à Acquigny en 1654 et à Pont-de-l'Arche, 1555-1658.

BB Strasbourg, 1696-1870.

BD en monogramme, Béarn.

C Saint-Lô, 1539-1654 ; Caen, 1655-1658 ; Saint-Lô, 1659-1693 ; Caen, 1693-1772.

CH en monogramme, Châlons-sur-Marne, 1590-1594.

∁C Besançon, 1693-1772.

CC Gênes 1805. (initiale de Christophe Colomb).

CL Gênes, 1811-1814.
D Lyon. 1539-1858, Pendant la fronde cette lettre fut
     donnée à Vienne (Dauphiné) 1655-1658.
E Tours, 1539-1772; Mehun-sur-Loire pendant la Fronde,
     1655-1658.
F Angers, 1539-1738.
G Poitiers, 1539-1772 ; Genève, l'an VIII, supprimée le
     27 pluviose an XIII (1799-1805), toutes les pièces
     de Genève sont rares.
H La Rochelle, 1539-1837.
I Limoges, 1539-1837.
K Bordeaux, 1539, supprimé en 1878.
L Bayonne. 1539-1837.
LA Laon, pendant la Ligue.
LL Lille, en septembre 1685.
L couronnée, Lille, 1686 (voir le W).
M Toulouse, 1539-1794, 1810-1837, et M gothique à
     Melun 1590-1595, et M couronné à Morlas sous
     Louis XIV (voir le V).
MA en monogramme, Marseille, 1786-1858.
N Montpellier, 1539-1794.
O Saint-Pourçain, 1539-1549; Moulins, 1549-1555; Riom,
     1555-1772. Il fut quelque temps à Clermont, 1572.
P Dijon, 1539-1772.
Q Châlon-sur-Saône, 1539-1572; Narbonne 1700-1710
     et Perpignan, 1710-1837.
R Villeneuve-Saint-André, 1539-1572; Beaucaire, 1586-
     1594; Nîmes, 1655-1658 et Orléans 1700 à l'an VIII
     de la République.
R couronné, Rome 1811-1814.
R et un lys, Gand 1815, Louis XVIII.
S Troyes, 1539-1679 et S couronné 1679-1690 (voir le V).
S et la Sainte-Ampoule, Reims 1679-1772.
T Sainte-Menehould, 1539-1540 ; Turin, 1540-1549 et
     depuis Nantes.
U Turin, 1803-1814.
V Turin, 1539-1540; Amiens, 1571-1578; Troyes, 1690-
     1772 et Toulouse, 1803-1810.
W Lille, 1693-1858.
X Villefranche-en-Rouergue 1539-1548; Aix, 1548-1578
     et Amiens 1578-1772.
Y Bourges, 1539-1772.
Z Grenoble, 1539-1772.
& Aix, 1578-1786.

9   Rennes, 1539-1772.
99   Dinan, 1590-1597, pour le roi Charles X, cardinal
        de Bourbon.
     Les armes de la ville, Marseille, de Charles VIII
        à 1786.
     Une étoile, Chambéry.
     Boule du monde surmontée de la croix, Montélimar.
?   Montferrand, 1539.
     Un O long surmonté de trois étoiles, Crémieux, 1539.
     Une vache, Pau, 1539-1794.
     Un poisson et un mât de navire, Utrecht, 1811-1814.

C'est le résumé le plus complet malgré qu'il y ait quelques
lacunes.

NOTA. — C'est le roi Louis XII qui est le premier de nos
rois ayant mis son effigie sur les monnaies. Les empereurs
et les grands rois chrétiens, qui ne relevaient leur couronne
que de Dieu et du Ciel ont, par honneur et soumission à
Dieu, fait figurer sur leurs monnaies, non leurs effigies,
mais la croix de Jésus-Christ comme étant et le reconnaissant
souverain des souverains et roi des rois. Il en est de même
pour le plus grand nombre des monnaies seigneuriales.

OUVRAGES DU MÊME AUTEUR

En 1882. — **Le Guide du Petit Collectionneur de Monnaies Royales et Seigneuriales de France**, depuis Charlemagne jusqu'à nos jours, donnant un aperçu des prix actuels à chaque numéro. — Prix : 8 francs. — Epuisé.

En 1885. — **Le Guide du Petit collectionneur de Monnaies Impériales Romaines** donnant la description historique et biographique de chaque Empereur, des Impératrices, des Césars et des Tyrans, ainsi que celles des Divinités Payennes qui se trouvent sur chaque revers des monnaies et un aperçu des prix actuels à chaque numéro. — Prix : 8 francs. — Epuisé.

En 1888-90. — Une **Description historique** en quatre volumes, plus de 4,000 pièces de **Monnaies Françaises Gauloises et Seigneuriales** avec un aperçu des prix actuels à chaque numéro. Cet ouvrage, en forme de dictionnaire, est illustré de 42 planches de monnaies, c'est-à-dire plus de 800 figures gravées. — Les quatre volumes brochés, prix net : 32 francs. — Reçu franco dans toute la France. — Payable à présentation du facteur.

En 1892. — Une brochure sur les **Billets Patriotiques des Communes de France 1791-1794.** — Epuisée.

E. LETELLIER, Antiquaire, 48, quai des Orfèvres, Paris.

Paris. — Imprimerie A. Pichon, 21, boulevard de Sébastopol.

www.ingramcontent.com/pod-product-compliance
Lightning Source LLC
Chambersburg PA
CBHW061704050726
47598CB00004B/1665